·安博士安全生产宣传教育卡通画丛书·

工伤保险与劳动权益

（第二版）

安博士安全生产宣传教育卡通画丛书编写组

编写人员　杨　勇　秦荣中　刘松涛　任彦斌
　　　　　佟瑞鹏　孙　超　曹炳文　刘梅华
　　　　　周志杰　徐孟环　高运增　杨晗玉
　　　　　王大杰　王一波　翁兰香

本书主编　佟瑞鹏

中国劳动社会保障出版社

图书在版编目(CIP)数据

工伤保险与劳动权益/安博士安全生产宣传教育卡通画丛书编写组编. —2 版. —北京：中国劳动社会保障出版社，2016

(安博士安全生产宣传教育卡通画丛书)

ISBN 978-7-5167-2429-3

Ⅰ. ①工… Ⅱ. ①安… Ⅲ. ①工伤保险-基本知识-中国②劳动法-基本知识-中国 Ⅳ. ①F842.61②D922.5

中国版本图书馆 CIP 数据核字(2016)第 052014 号

中国劳动社会保障出版社出版发行

(北京市惠新东街 1 号 邮政编码：100029)

*

三河市华骏印务包装有限公司印刷装订 新华书经销

850 毫米×1168 毫米 32 开本 3.375 印张 98 千字

2016 年 3 月第 2 版 2020 年 7 月第 3 次印刷

定价：15.00 元

读者服务部电话：(010)64929211/84209101/64921644

营销中心电话：(010)64962347

出版社网址：http://www.class.com.cn

内 容 提 要

本书旨在对企业从业人员进行工伤保险和劳动权益相关知识的普及性教育，使他们能够了解在生产劳动过程中，依法应该取得的工伤保险和劳动保护方面的权利，同时明确所承担和应尽的安全生产法律义务，主要内容有：工伤保险、工伤认定、劳动能力鉴定、工伤待遇和补偿、劳动合同和从业人员依法享有的安全生产权益。

本书为“安博士安全生产宣传教育卡通画丛书”（第二版）之一，书中每页文字都配以直观的卡通画，内容既严谨又活泼，知识性和趣味性兼容，可作为企业各类人员进行安全生产和工伤保险与劳动权益知识宣传与教育使用，也可用于《工伤保险条例》知识的普及。

再版前言

加强安全生产和劳动保护工作，预防各类伤亡事故与职业病的发生，使从业人员的劳动权益与工伤保险得到保障，普及安全生产事故的应急救援与现场急救知识，是我国党和政府一贯坚持的思想，是社会文明和和谐发展的重要标志，是经济和社会发展的重要内容，是实践国家安全生产方针的具体体现。同时，安全生产事故防治，也是所有生产经营单位与广大从业人员的共同责任，事关我国经济健康发展和社会长治久安的大局。我国的安全生产、劳动保护法规明确规定，生产经营单位必须对从业人员进行安全生产法律、法规和安全生产知识的宣传与教育，职工必须由厂、车间、班组进行“三级安全教育”，使其了解工厂、车间及本岗位的安全生产、劳动保护规章制度与要求，以及必须掌握的安全生产、职业病预防和事故应急救护与自救知识，以减少各种伤亡事故与职业病的发生。

为此，2012 年，中国劳动社会保障出版社组织了有关安全生产专家学者、科研人员和企业管理人员，编写出版了“安博士安全生产宣传教育卡通画丛书”，本丛书共有 4 册，分别是：《安全生产事故预防》《职业病危害预防》《安全生产事故应急与急救》《工伤保险与劳动权益》。本套丛书版式新颖，内容生动活泼，以简洁、通俗易懂的语言，讲授重要而全面的知识，配以通俗幽默的卡通画，增加了可读性的同时，更能使读者对所授知识加强深刻的印象。本套丛书的 4 个书种，从安全生产事故和职业病伤害预防到事故的应急与急救，加上工伤保险知识和

再版前言

劳动权益的了解，贯穿了生产过程中必须关注的安全生产主要内容，非常适合生产经营单位在贯彻落实《安全生产法》《职业病防治法》等法律、法规的过程中，对从业人员进行安全生产、劳动保护宣传教育时使用，同时也是广大生产一线的从业人员和走入工作岗位的青年职工学习如何保护自身安全与健康及相关合法权益与义务的优秀普及性读物。随着近年安全生产科技与理论的发展，特别是国家安全生产相关法律、法规和技术标准的更新完善，本着实用、革新的精神，现对本套丛书进行了再版。

本套丛书在编写过程中，参阅并部分引用了相关的资料与著作，在此对有关著作者和专家表示感谢。由于种种原因可能会导致图书存在不当之处或错误，请广大读者不吝赐教，以便及时纠正。

丛书编写组

2016年1月

目　录

目　录

第一部分 工伤保险

1. 我国工伤保险制度的发展

在我国，工伤保险立法始于20世纪50年代初。此后，随着我国经济、社会的发展和经济体制、经济结构的改变，工伤保险制度经历了逐步发展和改革的过程。1951年2月，原政务院公布了《中华人民共和国劳动保险条例》（于1953年1月重新修订）。这部有关劳动保险的综合法规对各项劳动保险待遇作了明确规定，并将工伤保险列在各项保险项目之首。

改革开放以来，随着经济体制改革和国民经济突飞猛进地增长，原有的工伤补偿制度已经难以适应社会和经济发展的要求。20世纪80年代末90年代初，原劳动部在研究劳动、工资和社会保险三大制度改革总体思路的过程中，逐步明确了工伤保险制度改革应以“实现工伤保险与工伤预防、职业康复的有机结合，实行工伤保险费用社会统筹，更好地保障职工权益，促进职业安全卫生和社会安定”为指导思想和主要原则。1996年8月，在总结各地试点经验的基础上，原劳动部发布了《企业职工工伤保险试行办法》（劳部发〔1996〕266号），同年3月，原国家技术监督局颁布了《职工工伤与职业病致残程度鉴定》（GB/T 16180—1996），标志着对多年沿用的旧的工伤保险制度开始了一次全面改革。

进入21世纪，国家为保障劳动者的权益，加快了职业伤害保障方面的立法步伐，发布了一系列重要的法律、法规和规章。在安全生产方面，主要有《中华人民共和国安全生产法》(2002年颁发，2014年修订发布)、《国务院关于特大安全事故行政责任追究的规定》(2001年)、《危险化学品安全管理条例》(2002年颁发，2011年2月16日国务院第144次常务会议修订通过，2013年12月4日国务院第32次常务会议再次修订通过)，《使用有毒物品作业场所劳动保护条例》(2002年)以及铁路运输、民用航空等特定领域安全生产方面的条例。在职业病防治方面，主要有《中华人民共和国职业病防治法》(2001年颁发，2011年12月31日根据十一届全国人大常委会第24次会议修正)，以及《职业病诊断与鉴定管理办法》《职业健康监护管理办法》《职业病危害事故调查处理办法》《职业病危害因素分类目录》《第一批国家职业卫生标准》《职业病分类和目录》等一系列行政规章和标准。在《职业病分类和目录》中，我国法定职业病由原来的9类99种增加到10类132种，我国职业安全与卫生保障的法律框架已初步形成。

2001年9月，原劳动和社会保障部根据国务院的立法计划，起草了《工伤保险条例（送审稿）》呈送国务院。在国务院法制办公室的组织下，条例送审稿先后征求了最高人民法院、中华全国总工会、国家经贸委、民政部、财政部、农业部、卫生部等30多个中央单位以及北京、上海、广东等24个省、自治区、直辖市人民政府的意见，多次听取企业、医疗机构以及专家学者的意见。经过数十次协调和讨论，形成了《工伤保险条例（草案）》，国务院领导也多次听取起草工作情况汇报。2003年4月，国务院第5次常务会议讨论通过了《工伤保险条例》，并以国务院令第375号发布，自2004年1月1日起施行。之后，国务院各有关部门制定发布了《工伤保险条例》的若干配套规章和政策文件，各地方结合当地的实际情况制定了相应的地方性法规。《工伤保险条例》的颁布是我国社会保障法制化进程中具有里程碑意义的大事，标志着工伤保险制度改革进入了一个崭新的发展阶段，对于保障职工劳动权益、促进安全生产、维护社会稳定具有重要作用。

2010年12月，在总结前期工作的经验和新形势下工伤保险事业发展需要的基础上，人力资源和社会保障部对2004年版的《工伤保险条例》进行修订。现在，新修订的《工伤保险条例》与近年来相继颁布施行和修订的《安全生产法》《职业病防治法》构成了相互关联的职业安全保护和救济法律体系，它们规范了我国在职业安全方面的劳工标准，是我国境内所有用人单位必须遵循的法定义务。一个以《职业病防治法》《安全生产法》和《工伤保险条例》《劳动合同法》为主体，以国家法律制裁的强制力为后盾，包括相关法律、法规、规章在内的，事前预防、事中保护、事后补偿相辅相成的职业安全与卫生保障法律体系已经形成。

2. 新修订的《工伤保险条例》的特点

《工伤保险条例》的修订是贯彻落实《社会保险法》的重要内容，对完善工伤保险制度，更好地保护广大职工的合法权益，分散用人单位风险，构建和谐的劳动关系，促进社会主义和谐社会建设，都具有十分重要的意义。新《工伤保险条例》调整扩大了工伤保险的实施范围和工伤认定范围，大幅度提高了工伤待遇水平，简化了认定、鉴定和争议处理程序。

新的《工伤保险条例》明确了工伤预防费的使用规定，确立了开展工伤预防工作在工伤保险制度中的重要地位；对工伤康复也作出了更加明确的规定，使我国的工伤康复事业有了强有力的法律支撑和保障。新《工伤保险条例》的颁布实施，使预防、补偿和康复“三位一体”的工伤保险制度框架最终形成，有利于加快实现我国工伤保险制度由单纯注重事后补偿向事后补偿与事前预防并重转变，由治疗性康复向以职业康复为核心、促进工伤职工回归社会的工伤康复的转变，在完善工伤保险制度体系的同时，也从根本上保障了职工的权益。

新修订的《工伤保险条例》和2004年版对比有了很多突破和亮点，能够更好地保障职工的劳动权益，具体表现在以下几个方面。

（1）扩大了工伤保险适用范围。将工伤保险的适用范围扩大到了不参照公务员法管理之外的各类事业单位、社会团体，以及民办非企业单位、基金会、律师事务所、会计师事务所等组织，从制度上解除了这些单位和工作人员遭遇工伤风险的后顾之忧。

（2）调整扩大了工伤认定范围。将认定范围从原来的上下班途中机动车事故伤害调整扩大到非本人主要责任的交通事故以及城市轨道交通、客运轮渡和火车事故伤害，惠及了更多的职工群众。限定上下班途中“非本人主要责任”的交通事故伤害才能认定为工伤，主要是引导职工群众高度重视上下班途中的交通安全，对上下班途中本人承担主要责任的交通事故，如无证驾驶、酒后驾车等行为造成本人伤亡的，不纳入工伤的范围。

（3）简化了工伤认定程序。新条例取消了工伤认定争议处理中行政复议前置的规定，缩短了工伤认定时间；设置了工伤认定的简易处理程序，对于事实清楚、双方无争议的工伤认定申请的认定时限，由原来规定的60天缩短为15天。

（4）大幅度提高了工伤保险待遇。一次性工亡补助金标准从原来的48至60个月的统筹地区上年度职工月平均工资，提高至按上年度全国城镇居民人均可支配收入的20倍发放；同时，对伤残职工的一次性伤残补助金作了调整，将一至四级、五至六级和七至十级伤残职工的一次性伤残补助金标准上调，分别增加了3个月、2个月和1个月的本人工资。

（5）增加了基金支出项目。新条例借鉴了国际经验和实践中的有效做法，明确了将工伤预防的宣传、培训等费用纳入基金支付的规定，并且要求人力资源和社会保障部会同财政、卫生和安全生产监督管理等部门制定工伤预防费的提取比例、使用和管理办法。还将原来由用人单位支付的工伤职工“住院伙食补助费”“统筹地区以外就医的交通食宿费”以及“终止或解除劳动关系时的一次性医疗补助金”，改由工伤保险基金统一支付。

（6）加大了强制力度。新条例增加了行政复议和行政诉讼期间不停止支付治疗工伤的医疗费用的新规定，使工伤职工能够得到及时救治，也可以从制度上遏止部分用人单位的恶意诉讼。增加了对不参加工伤保险和拒不协助工伤认定调查核实的用人单位的行政处罚规定，提高了工伤保险的强制力度。

3. 工伤预防

我国的《社会保险法》和《工伤保险条例》明确了工伤预防是工伤保险的重要组成部分。工伤保险主要包括三大功能：预防功能、康复功能和补偿功能。其中的工伤预防功能对在源头上促进安全生产工作和减少工伤保险基金的支出具有决定性的作用。2013 年，人力资源和社会保障部下发《关于进一步做好工伤预防试点工作的通知》（人社部发〔2013〕32 号），将试点统筹地区（省、市）由 2009 年确认的 11 个扩大至 50 个，通知要求“用于工伤预防的费用控制在本统筹地区上年度工伤保险基金征缴收入的 2% 左右”“工伤预防费主要用于开展工伤预防的宣传、教育培训以及法律、法规规定的其他工伤预防项目”。

在生产企业，工伤预防离不开安全生产事故预防。综合考虑起因物、引起事故的诱导性原因、致害物、伤害方式等，可将导致工伤事故的危险、危害因素分为 20 类，即物体打击，车辆伤害，机械伤害，起重伤害，触电，淹溺，灼烫，火灾，高处坠落，坍塌，冒顶、片帮，透水，放炮，火药爆炸，瓦斯爆炸，锅炉爆炸，容器爆炸，其他爆炸，中毒和窒息，其他伤害。

预防伤亡事故的具体措施主要包括以下几个方面：

（1）工程技术措施。工程技术措施是指对设备、设施、工艺操作等，从职业安全卫生角度进行计划、设计、检查和保养。新建、改建、扩建工程项目和技术改造工程项目，必须具有相应的职业安全卫生设施；新设备、新设施在设计阶段就应该考虑安全问题，并且要随着生产的发展和设备、设施的使用，及时改进或采取相应的工程技术措施，改善工作条件。

（2）教育措施。教育措施是指有关部门和用人单位通过不同形式的安全教育，使劳动者遵守法规，学会掌握安全生产方面的知识和操作方法，增强事故的预防和处理能力。

（3）管理措施。管理措施是指由国家行政机关、企业单位组织制定有关规章、制度和措施，制定有关安全生产规程、规范和标准，提高管理水平。

（4）经济措施。经济措施是指通过实行工伤保险差别费率和浮动费率等办法，建立一种促进企业安全生产的内部控制机制。

工程技术措施
教育措施
管理措施
经济措施

4. 工伤康复

工伤康复是按照“先治疗康复，后评残补偿”和“基本康复”的原则，利用现代康复的手段和技术，为工伤残疾人员提供医疗康复、职业康复等服务，最大限度地恢复和提高其身体功能以及生活处理能力、劳动能力，让其重返工作岗位的一项医疗服务。《工伤保险条例》规定：工伤职工到签订服务协议的医疗机构进行工伤康复的费用，符合规定的，从工伤保险基金支付。

工伤康复一般运用综合的医疗、人体工程、教育、职业心理等措施，对工伤职工进行治疗、辅助、训练、补偿、提高，恢复工伤职工的身体功能、生活能力和职业劳动能力，以消除或者减轻因工伤造成的伤残后果，改善工伤职工参加劳动和社会活动的能力。

2013年4月22日，人力资源和社会保障部印发了关于《工伤康复服务项目（试行）》和《工伤康复服务规范（试行）》（修订版）的通知，是对工伤康复试点机构开展工伤康复服务的业务和工作规程的指导，也是工伤保险行政管理部门、社会保险经办机构和劳动能力鉴定机构进行工伤康复监督管理的重要依据。

工伤康复服务一般包括：及早发现工伤并诊断和处理；社会、心理及其他方面的咨询和协助；进行生活自理能力训练，一般包括行动、交往及日常生活技能，并为运动、听觉、视觉受损者提供所需的特殊器材；提供辅助器材、行动工具及其他设备；专门教育服务；职业技能训练、职业指导、职业培训、保护性的就业安置等。

总之，工伤康复服务的内容包括生理康复、心理康复、职业康复和社会康复等。

5. 工伤补偿

补偿功能是工伤保险制度最传统的功能，工伤补偿一般包括好几个部分，如一次性伤残补助金、一次性医疗补助金、一次性就业补助金，还有医疗费用和停工留薪期待遇等。

职工因工作遭受事故伤害或者患职业病需要暂停工作接受工伤医疗的，在停工留薪期内，原工资福利待遇不变，由所在单位按月支付。

停工留薪期一般不超过12个月。伤情严重或者情况特殊的，经设区的市级劳动能力鉴定委员会确认，可以适当延长，但延长期不得超过12个月。工伤职工评定伤残等级后，停发原待遇，按照《工伤保险条例》的有关规定享受伤残待遇。工伤职工在停工留薪期满后仍需治疗的，继续享受工伤医疗待遇。

生活不能自理的工伤职工在停工留薪期需要护理的，由所在单位负责。

职工因工死亡，其近亲属按照下列规定从工伤保险基金领取丧葬补助金、供养亲属抚恤金和一次性工亡补助金：丧葬补助金为6个月的统筹地区上年度职工月平均工资；一次性工亡补助金标准为上一年度全国城镇居民人均可支配收入的20倍。

供养亲属抚恤金按照职工本人工资的一定比例发给为因工死亡的职工生前提供主要生活来源或其无劳动能力的亲属，发放标准为：配偶每月40%，其他亲属每人每月30%，孤寡老人或者孤儿每人每月在上述标准的基础上增加10%。核定的各供养亲属的抚恤金之和不应高于因工死亡职工生前的工资。伤残职工在停工留薪期内因工伤导致死亡的，其近亲属享受规定的待遇。

伤残津贴、供养亲属抚恤金、生活护理费由统筹地区社会保险行政部门根据职工平均工资和生活费用变化等情况适时调整。

第二部分 工伤认定

1.《工伤保险条例》的适用范围

我国境内的企业、事业单位，社会团体、民办非企业单位、基金会、律师事务所、会计师事务所等组织和有雇工的个体工商户应当依照《工伤保险条例》的规定参加工伤保险，为本单位全部职工或者雇工（简称职工）缴纳工伤保险费。

我国境内的企业、事业单位，社会团体、民办非企业单位、基金会、律师事务所、会计师事务所等组织的职工和个体工商户的雇工（简称职工），均有依照规定享受工伤保险待遇的权利。

其中的“企业”是指包括在中国境内的所有形式的企业，按所有制划分，有国有企业、集体所有制企业、私营企业、外资企业等；按所在地划分，有城镇企业、乡镇企业等；按组织结构划分，有公司、合伙企业、个人独资企业等。来中国投资的外国企业要参加投资所属国的工伤保险，国内企业去国外投资建企业时，需要参加当地的工伤保险。

“民办非企业单位”是指企业事业单位、社会团体和其他社会力量以及公民个人利用非国有资产举办的，从事非营利性社会服务活动的社会组织。民办非企业单位最常见的如民办学校、民办医院等，都是非营利性的非国有投资的社会公益性单位。

“社会团体”是指中国公民自愿组成，为实现会员共同意愿，按照其章程开展活动的非营利性社会组织。社会团体的名称类别主要有协会、学会、联合会、研究会、基金会、商会、促进会等。社会团体中参照公务员法管理的人员实行与国家机关及其工作人员一样的工伤保险制度，由人力资源和社会保障部会同财政部具体规定，不参照公务员法管理的人员，直接适用《工伤保险条例》。

有经营能力的公民，依照《工伤保险条例》规定经工商行政管理部门登记，从事工商业经营的，称为个体工商户。条例要求的是有雇工的个体工商户（俗称“个体户”）才缴费参加工伤保险。这里的“雇工”应当宽泛地去理解，只要是雇主使用了另外的人员，支付了劳动报酬，就应当被视为他有了雇工，无论这个雇工是否是雇主的亲戚、朋友或者邻居。

雇工的数量从1个到多个不等，《个体工商户条例》已经取消了个体工商户从业人员的限制。但是，当个体工商户没有雇工，比如个体户业主自己单独经营或者通常所说的开“夫妻店”的，他们是不是要参加工伤保险，各地根据情况有不同的规定，国家不作强行规定。

2. 应当认定为工伤和视同工伤的情况

《工伤保险条例》中规定的工伤，不仅是因工受伤或者得了职业病，还包括因工死亡或者下落不明。职工有下列情形之一的，应当认定为工伤。

(1) 在工作时间和工作场所内，因工作原因受到事故伤害的。工作时间包括法定的工作时间，还包括用人单位合法的加班时间和违法的延长工时的时间范围。工作场所不仅包括工作岗位，还包括特殊情况下的非岗位场所，比如职工在打开水时由于单位的烧水锅炉设备缺陷，导致的烫伤事故等。

（2）工作时间前后在工作场所内，从事与工作有关的预备性或者收尾性工作受到事故伤害的。比如一名机床操作人员按照工作时间规定已经下班了，可是他仍然留在岗位整理工作设备或者维修保养机器，这段时间发生的机床绞伤等伤害都应当算作工伤。

（3）在工作时间和工作场所内，因履行工作职责受到暴力等意外伤害的。比如职工在生产场所受到高空坠落物体的打击而致伤的都属于工伤，即使没有证据显示是在工作场所，但是只要没有充足的证据显示他不在工作时间和场所的，都应当作为工伤来认定。

（4）患职业病的。《职业病防治法》将职业病定义为：企业、事业单位和个体经济组织（又称为“用人单位”）的劳动者在职业活动中，因接触粉尘、放射性物质和其他有毒、有害物质等因素而引起的疾病。职业病具有一定的范围，即凡由国家政府主管部门明文规定的职业病，统称为法定职业病。因此，能被认定为工伤的职业病应当是国家《职业病分类和目录》中规定的纳入职业病范围的 10 类 132 种职业病其中的一种或几种。

（5）因工外出期间，由于工作原因受到伤害或者发生事故下落不明的。因工外出一般有两种情况：一种是因为工作原因外出到本地区内的其他地方或者单位，可以是领导指派或因为工作原因自行行动的；另一种是指因工作原因外出到本地区以外或者境外（国外），这种情况必须是由领导指派进行的行动。受到的伤害包括事故伤害、暴力伤害和其他类型的伤害。

(6) 在上下班途中，受到非本人主要责任的交通事故或者城市轨道交通、客运轮渡、火车事故伤害的。这是新修订的《工伤保险条例》增加的工伤认定范围的内容，但是为了避免道德风险，对这类伤害做了限制：交通事故是指《道路交通安全法》所称的发生在道路上的车辆交通事故；发生事故后，需要经过交通管理部门作出“非本人主要责任”的认定，比如因酒后驾车、无照驾驶等发生事故造成伤害的，就不能认定为工伤；上下班途中的时间应该是该名职工合理的、正常的上下班或者加班途中的时间。

(7) 法律、行政法规规定应当认定为工伤的其他情形。

应当视同工伤认定的应该享受和工伤同样的待遇，主要包括以下几种情况。

（1）在工作时间和工作岗位，突发疾病死亡或者在48小时之内经抢救无效死亡的。工作岗位是指职工日常从事劳动或者领导指派的场所或者区域，比如清洁工的工作岗位就是自己所要清洁卫生的区域。“48小时”应当从医疗机构的初次抢救时间开始计算。

（2）在抢险救灾等维护国家利益、公共利益活动中受到伤害的。这种情况下，工伤认定不受工作时间、工作地点、工作原因等条件的限制。

（3）职工原在军队服役，因战、因公负伤致残，已取得革命伤残军人证，到用人单位后旧伤复发的。“旧伤复发”的确认应当由协议医疗机构出具相应的医疗诊断，并由具有认定权的社会保险行政部门进行确认，但是这种情况不能享受一次性伤残补助金。

3. 不能被认定为工伤或视同工伤的情况

排除认定工伤的情况是指职工虽然在工作中死亡，但是他的伤亡与工作不具备因果关系，因而不能纳入工伤的范围。如利用工作机会实施故意犯罪，工作中故意麻痹自己而使自己不能控制行为，自残、自杀等导致的工作过程中的伤亡，这些情况导致的职工本人在工作中受到伤害或者死亡，具有主观故意性，其后果由职工本人承担。

《工伤保险条例》规定，职工符合工伤认定的规定，但是有下列情形之一的，不得认定为工伤或者视同工伤：故意犯罪的、醉酒或者吸毒的、自残或者自杀的。以上的情形，要在工伤鉴定中，确实查清事实证据后，才能作出排除认定工伤的决定。

4. 提出工伤认定申请要提交的材料

职工发生事故伤害或者按照《职业病防治法》规定被诊断、鉴定为职业病的，所在单位应当自事故伤害发生之日或者被诊断、鉴定为职业病之日起30日内，向统筹地区社会保险行政部门提出工伤认定申请。遇有特殊情况，经报社会保险行政部门同意，申请时限可以适当延长。

用人单位未按上述规定提出工伤认定申请的，工伤职工或者其近亲属、工会组织在事故伤害发生之日或者被诊断、鉴定为职业病之日起1年内，可以直接向用人单位所在地统筹地区社会保险行政部门提出工伤认定申请。

应当由省级社会保险行政部门进行工伤认定的管理事项，根据属地原则由用人单位所在地的设区的市级社会保险行政部门办理。

用人单位未在规定的时限内向所在地的设区的市级社会保险行政部门提交工伤认定申请的，在此期间发生符合规定的工伤待遇等有关费用由该用人单位负担。

（2）审核发证。用人单位参保应当按照规定时间、程序申请登记，社会保险经办机构对申请资料进行审核，对符合规定者发给登记证书。办理登记后，缴费单位应当按时向社会保险经办机构申报缴纳工伤保险费数额，经社会保险经办机构核定后，在规定的期限内缴纳工伤保险费。

工伤保险登记包括参保登记、变更登记和注销登记等工作内容。新成立的用人单位应当在成立后的30日内，持营业执照等有关证件，到当地的社会保险经办机构办理登记。缴费单位办理登记后，如果登记的事项发生了变化，如单位名称、地址、法定代表人或负责人、单位类型等，应当自工商行政管理机关办理变更登记或有关机关批准或宣布事项变更30日内，持相关证明材料到原办理登记机构办理变更登记。缴费单位发生解散、破产等情况，应当在工商行政机关办理注销登记30日内，持相关证明到原办理登记部门办理注销登记。

（3）记录在案。用人单位按照规定参加工伤保险、缴纳工伤保险费是工伤保险基金支付工伤保险待遇的必要条件，是确定一个单位的职工是否具备享受工伤保险待遇资格的依据之一。因此，工伤保险经办机构要及时有效地将单位缴费的有关资料进行保存记录，遇到变更的，也要及时给予记录在案。

（4）工伤保险经办机构还有核查缴费单位工资总额和职工人数的责任。工资总额是指各单位在一定时期内直接支付给本单位全部职工的劳动报酬总额，包括计时工资、计件工资、奖金、津贴和补贴、加班加点工资、特殊情况下支付的工资等。经核查发现被核查对象在缴纳工伤保险费时有违反法规行为的，经办机构应当据实写出核查意见书，并在核查结束后10个工作日内书面告知被核查对象，责令改正。拒不改正的，报请社会保险行政部门依法处罚。

（5）管理工伤保险基金支出。工伤保险基金支出项目包括工伤保险待遇、劳动能力鉴定费用、工伤预防费和适应工伤保险工作需要由法律、法规规定的其他费用。

（6）核定工伤保险待遇的职责。《工伤保险条例》已经规定了享受工伤医疗待遇、伤残待遇和死亡待遇的条件、标准和程序，工伤保险经办机构要严格按照这些规定核定工伤保险待遇。

（7）提供无偿咨询服务。工伤保险经办机构是社会保险系统的一个服务窗口，应当树立全心全意为工伤人员服务的意识，向工伤人员宣传工伤保险法律、法规、规章和政策，解答疑问，免费提供咨询服务。

第三部分 劳动能力鉴定

1. 申请劳动能力鉴定的作用和范围

劳动能力鉴定是指劳动者因工负伤导致本人劳动与生活能力受到不同程度的影响，由劳动能力鉴定机构根据职工本人或者其近亲属的申请，组织劳动能力鉴定医学专家，根据国家制定的评残标准，按照工伤保险的有关政策，运用医学科学技术的方法和手段，确定劳动者伤残程度和丧失劳动能力程度的一种综合评定的制度。

劳动能力鉴定是给予受到事故伤害或患职业病的职工工伤保险待遇的基础和前提条件。通过劳动能力鉴定，能够准确评定职工伤残的程度，有利于保障工伤职工或患职业病的职工的合法权益，同时也为正确处理相关争议提供了客观依据。根据劳动能力鉴定的结果，工伤职工或患职业病的职工可以申请享受相应的工伤保险待遇。

劳动能力鉴定

劳动能力综合判定是指依据工伤致残者于评定伤残等级技术鉴定时的器官损伤、功能障碍及其对医疗与日常生活护理的依赖程度，适当考虑由于伤残引起的社会心理因素影响，对伤残程度进行综合判定分级。工伤后功能障碍的程度与器官缺损的部位及严重程度有关，职业病所致的器官功能障碍与疾病的严重程度相关。对功能障碍的判定，应以评定伤残等级技术鉴定时的医疗检查结果为依据，根据评残对象逐个确定。

工伤职工申请进行劳动能力鉴定，应当符合以下几个条件。

（1）经过治疗后，伤情处于相对稳定状态，这样便于劳动能力鉴定机构聘请的医疗专家对伤情进行评定。

（2）职工经过治疗后，确认是因工伤造成职工身体上的残疾或者患职业病。

（3）工伤职工的残疾对以后的工作、生活将产生直接影响，并且伤残的程度已经影响职工本人的劳动能力。

2. 劳动能力鉴定等级

生活自理障碍分为3个等级：生活完全不能自理、生活大部分不能自理和生活部分不能自理。生活完全不能自理是指进食、翻身、大小便、穿衣洗漱、自我移动等5项都不能自理的情形，生活大部分不能自理是指上述5项中有3项不能自理的情况，生活部分不能自理是指上述5项中有1项不能自理的情形。

护理依赖程度主要根据生活自理能力作出判断。生活自理范围及护理依赖程度包括：①进食：完全不能自主进食，需依赖他人者。②翻身：不能自主翻身。③大小便：不能自主行动，排大小便需依靠他人者。④穿衣、洗漱：不能自己穿衣、洗漱，完全依赖他人者。⑤自我移动：不能自主走动。

医疗依赖分为特殊依赖和一般医疗依赖。特殊依赖是指致残后必须终生接受特殊药物、特殊医疗设备或装置进行治疗者，如血液透析、人工呼吸机以及免疫抑制剂等的治疗；一般医疗依赖是指致残后仍需接受长期或终生药物治疗者，如降压药、降糖药、抗凝剂以及抗癫痫药治疗等。

劳动能力功能障碍分级和劳动能力鉴定按照国家标准《劳动能力鉴定　职工工伤与职业病致残等级》(GB/T 16180—2014）进行。劳动功能障碍分为10级，最重的为一级，最轻的为十级。

一级为器官缺失或功能完全丧失，其他器官不能代偿，存在特殊医疗依赖，或完全或大部分或部分生活自理障碍，共23种。二级为器官严重缺损或畸形，有严重功能障碍或并发症，存在特殊医疗依赖，或大部分或部分生活自理障碍，共39种。三级为器官严重缺损或畸形，有严重功能障碍或并发症，存在特殊医疗依赖，或部分生活自理障碍，共47种。四级为器官严重缺损或畸形，有严重功能障碍或并发症，存在特殊医疗依赖，或部分生活自理障碍或无生活自理障碍，共55种。五级为器官大部分缺损或明显畸形，有较重功能障碍或并发症，存在一般医疗依赖，无生活自理障碍，共65种。

六级为器官大部分缺损或明显畸形，有中等功能障碍或并发症，存在一般医疗依赖，无生活自理障碍，共76种。七级为器官大部分缺损或畸形，有轻度功能障碍或并发症，存在一般医疗依赖，无生活自理障碍，共63种。八级为器官部分缺损，形态异常，轻度功能障碍，存在一般医疗依赖，无生活自理障碍，共74种。九级为器官部分缺损，形态异常，轻度功能障碍，无医疗依赖或者存在一般医疗依赖，无生活自理障碍，共42种。十级为器官部分缺损，形态异常，无功能障碍，无医疗依赖或者存在一般医疗依赖，无生活自理障碍，共46种。

其中，一级至四级为全部丧失劳动能力，五级至六级为大部分丧失劳动能力，七级至十级为部分丧失劳动能力。

3. 劳动能力鉴定的申请

劳动能力鉴定申请由申请主体向当地设区的市级劳动能力鉴定委员会提出，能够提出劳动能力鉴定申请的主体有以下三类：

（1）用人单位。用人单位就是工伤职工所在的单位，两者之间存在劳动关系，并且工伤是由于为本单位工作造成的。职工发生伤亡事故后，所在单位为职工申请工伤认定、劳动能力鉴定是应尽的法律责任。职工发生事故伤害或者按照《职业病防治法》规定被诊断、鉴定为职业病，所在单位应当自事故伤害发生之日或者被诊断、鉴定为职业病之日起30日内，向统筹地区社会保险行政部门提出工伤认定申请。遇到特殊情况，经报社会保险行政部门同意，申请时限可以适当延长。

（2）工伤职工。即因工受到事故伤害被认定为工伤的职工。职工如果认为工伤受到的伤害可能或已经影响其劳动能力，给工作生活带来很大不便的，可以申请劳动能力鉴定。《工伤保险条例》规定，工伤职工本人可以提出劳动能力鉴定申请，是对劳动者权利的一种保护。

（3）职工的近亲属。近亲属包括配偶、子女、父母、兄弟姐妹、祖父母、外祖父母。之所以规定工伤职工的近亲属有权申请劳动能力鉴定，主要基于以下三点考虑：一是职工的近亲属都有可能成为该职工的监护人，赋予监护人申请鉴定的权利，是为了更好地保护工伤职工的合法权益；二是职工发生工伤后，对其供养的近亲属的生活造成了直接或者间接的影响，职工劳动能力的缺失有可能导致由其供养的近亲属没有生活来源，同时也增加了近亲属护理工伤职工的负担；三是有的工伤职工受伤较为严重，自己提出申请有诸多困难，由其近亲属代为申请更方便。

劳动能力鉴定申请的受理机构是劳动能力鉴定委员会。《工伤保险条例》将劳动能力鉴定委员会分为设区的市级劳动能力鉴定委员会和省、自治区、直辖市劳动能力鉴定委员会两级，由设区的市级劳动能力鉴定委员会受理劳动能力的初次鉴定申请。

这样规定主要有以下两点考虑：一是劳动能力鉴定委员会必须建有医疗卫生专家库，需从医疗卫生专家库中选取3～5名医学专家负责劳动能力鉴定工作。然而，在我国大多数地区，县一级还比较缺乏具有高级职称的医学专家，许多地区的医疗技术水平较低，设立县一级具备医疗卫生专家库的劳动能力鉴定委员会的客观条件不具备；二是两级鉴定简化了程序，便于工伤职工及时申请再次鉴定，避免了过去因劳动能力鉴定时间过长而使工伤职工不能及时享受工伤保险待遇的情况。

申请主体提出劳动能力鉴定申请时，应当提交两类申请材料。

（1）工伤认定决定。工伤认定决定即由社会保险行政部门根据国家的规定，确定职工受到事故伤害或者所患职业病是否属于工伤范围，是否符合工伤条件的书面决定。

（2）职工工伤医疗的有关资料。职工工伤医疗的有关资料即职工受到的事故伤害或者所患职业病被认定为工伤，到医疗机构进行治疗过程中，由医院记载的有关负伤职工的病情、病志、治疗情况等的资料。劳动能力鉴定机构据此审查负伤职工的伤情是否处于稳定状态，能否进行劳动能力鉴定。

4. 劳动能力鉴定委员会及其职责

省、自治区、直辖市劳动能力鉴定委员会和设区的市级劳动能力鉴定委员会分别由省、自治区、直辖市和设区的市级社会保险行政部门、卫生行政部门、工会组织、经办机构代表以及用人单位代表组成。

劳动能力鉴定委员会建立医疗卫生专家库，列入医疗卫生专家库的医疗卫生专业技术人员应当具备下列条件：

(1) 具有医疗卫生高级专业技术职务任职资格。

(2) 掌握劳动能力鉴定的相关知识。

(3) 具有良好的职业道德。

设区的市级劳动能力鉴定委员会收到劳动能力鉴定申请后，应当从其建立的医疗卫生专家库中随机抽取3名或者5名相关专家组成专家组，由专家组提出鉴定意见。设区的市级劳动能力鉴定委员会根据专家组的鉴定意见作出工伤职工劳动能力鉴定结论；必要时，可以委托具备资格的医疗机构协助进行有关诊断。

设区的市级劳动能力鉴定委员会应当自收到劳动能力鉴定申请之日起60日内作出劳动能力鉴定结论，必要时，作出劳动能力鉴定结论的期限可以延长30日。劳动能力鉴定结论应当及时送达申请鉴定的单位和个人。

劳动能力鉴定委员会要根据专家组的鉴定意见，确定伤残职工的劳动功能障碍程度和生活护理依赖程度，作出劳动能力鉴定结论。鉴定结论（意见）应包含以下内容：工伤医疗期的起止时间、残疾等级、劳动能力丧失程度以及生活护理依赖程度等。工伤医疗期（停工留薪期）是从起始时间（即工伤事故发生之日）至终止时间（即伤情处于相对稳定状态）的时限。

劳动能力鉴定结论是工伤职工享受工伤保险待遇的依据，工伤保险经办机构要根据劳动能力鉴定委员会作出的劳动能力鉴定结论，按照工伤职工的伤残等级支付相应的工伤保险待遇。

5. 劳动能力再次鉴定申请和复查鉴定

申请鉴定的单位或者个人对设区的市级劳动能力鉴定委员会作出的鉴定结论不服的，可以在收到该鉴定结论之日起 15 日内向省、自治区、直辖市劳动能力鉴定委员会提出再次鉴定申请。省、自治区、直辖市劳动能力鉴定委员会作出的劳动能力鉴定结论为最终结论。

如果申请人超过 1 日才向上一级劳动能力鉴定委员会提出申请，上级劳动能力鉴定委员会可以以超过再次鉴定时效为由不予受理。

劳动能力鉴定工作应当客观、公正，劳动能力鉴定委员会组成人员或者参加鉴定的专家与当事人有利害关系的，应当回避。

劳动能力复查鉴定是指已经经过劳动能力鉴定的工伤职工或者其近亲属、所在单位或者经办机构，在劳动能力鉴定结论作出1年后认为残情发生变化，向劳动能力鉴定委员会提出复查鉴定申请，劳动能力鉴定委员会要依据有关规定和标准对其进行鉴定，并作出新的劳动能力鉴定结论。

根据《工伤保险条例》的规定，有权提出劳动能力复查鉴定的申请人主要包括以下几种：

(1) 工伤职工或者其近亲属。工伤职工劳动能力的变化对其供养的近亲属的生活会产生直接或者间接的影响，也会对其他亲属的生活造成一定的影响，所以，工伤职工的近亲属也可以申请对工伤职工进行劳动能力复查鉴定。

（2）工伤职工所在单位。工伤职工经劳动能力鉴定后，可以继续工作的，用人单位应安排与其劳动能力相适应的工作。当用人单位认为该职工的伤残程度发生变化时，基于其自身利益考虑或者为了保护劳动者的合法权益，可以提出工伤职工的劳动能力复查鉴定申请。

（3）经办机构。根据规定，经办机构依据劳动能力鉴定结论核定工伤职工的工伤保险待遇。如果劳动者的劳动能力已经有了很大改善，还仍旧按照先前作出的劳动能力鉴定结论享受工伤保险待遇，对工伤保险基金和其他参保人是不公平的，因此，经办机构有权提出劳动能力复查鉴定申请。

1. 治疗工伤和工伤治疗期间的待遇

职工因工作遭受事故伤害或者患职业病进行治疗的，享受工伤医疗待遇。

职工治疗工伤应当在签订服务协议的医疗机构就医，情况紧急时可以先到就近的医疗机构急救。

职工治疗工伤所需费用符合工伤保险诊疗项目目录、工伤保险药品目录、工伤保险住院服务标准的，从工伤保险基金支付。工伤保险诊疗项目目录、工伤保险药品目录、工伤保险住院服务标准由国务院社会保险行政部门会同国务院卫生行政部门、食品药品监督管理部门等作出规定。

职工住院治疗工伤的伙食补助费以及经医疗机构出具证明，报经办机构同意，工伤职工到统筹地区以外就医所需的交通费用、食宿费用从工伤保险基金支付，基金支付的具体标准由统筹地区人民政府规定。

工伤职工治疗非工伤引发的疾病，不享受工伤医疗待遇，按照基本医疗保险办法处理。

工伤职工到签订服务协议的医疗机构进行工伤康复的费用，符合规定的，由工伤保险基金支付。

工伤职工需要住院治疗的，由单位按照本单位因公出差伙食补助标准的70%发给住院伙食补助费；经医疗机构出具证明，报经办机构同意，工伤职工到统筹地区以外就医的，所需交通费用、食宿费用由所在单位按照本单位职工因公出差标准报销。

社会保险行政部门作出认定为工伤的决定后发生行政复议、行政诉讼的，行政复议和行政诉讼期间不得停止支付工伤职工治疗工伤的医疗费用。

工伤职工因日常生活或者就业需要，经劳动能力鉴定委员会确认，可以安装假肢、矫形器、假眼、假牙和配置轮椅等辅助器具，所需费用按照国家规定的标准由工伤保险基金支付。

职工因工作遭受事故伤害或者患职业病需要暂停工作接受工伤医疗的，在停工留薪期内，原工资福利待遇不变，由所在单位按月支付。停工留薪期一般不超过12个月，伤情严重或者情况特殊的，经设区的市级劳动能力鉴定委员会确认，可以适当延长，但延长不得超过12个月。工伤职工评定伤残等级后，停发原待遇，按照《工伤保险条例》的有关规定享受伤残待遇。工伤职工在停工留薪期满后仍需治疗的，继续享受工伤医疗待遇。生活不能自理的工伤职工在停工留薪期需要护理的，由所在单位负责。

工伤职工已经评定伤残等级并经劳动能力鉴定委员会确认需要生活护理的，由工伤保险基金按月支付生活护理费。生活护理费按照生活完全不能自理、生活大部分不能自理或者生活部分不能自理3个不同等级支付，其标准分别为统筹地区上年度职工月平均工资的50%、40%和30%。

2. 各级伤残职工工伤的待遇

职工因工致残被鉴定为一级至四级伤残的，保留劳动关系，退出工作岗位，由用人单位和职工个人以伤残津贴为基数，缴纳基本医疗保险费，同时享受以下待遇：

（1）从工伤保险基金按伤残等级支付一次性伤残补助金，标准为：一级伤残为27个月的本人工资，二级伤残为25个月的本人工资，三级伤残为23个月的本人工资，四级伤残为21个月的本人工资。

（2）从工伤保险基金按月支付伤残津贴，标准为：一级伤残为本人工资的90%，二级伤残为本人工资的85%，三级伤残为本人工资的80%，四级伤残为本人工资的75%。伤残津贴实际金额低于当地最低工资标准的，由工伤保险基金补足差额。

（3）工伤职工达到退休年龄并办理退休手续后，停发伤残津贴，按照国家有关规定享受基本养老保险待遇。基本养老保险待遇低于伤残津贴的，由工伤保险基金补足差额。

职工因工致残被鉴定为五级伤残、六级伤残的，享受以下待遇：

（1）从工伤保险基金按伤残等级支付一次性伤残补助金，标准为：五级伤残为18个月的本人工资，六级伤残为16个月的本人工资。

（2）保留与用人单位的劳动关系，由用人单位安排适当工作。难以安排工作的，由用人单位按月发给伤残津贴，标准为：五级伤残为本人工资的70%，六级伤残为本人工资的60%。由用人单位按照规定为其缴纳应缴纳的各项社会保险费。伤残津贴实际金额低于当地最低工资标准的，由用人单位补足差额。

经工伤职工本人提出，该职工可以与用人单位解除或者终止劳动关系，由工伤保险基金支付一次性工伤医疗补助金，由用人单位支付一次性伤残就业补助金。一次性工伤医疗补助金和一次性伤残就业补助金的具体标准由省、自治区、直辖市人民政府规定。

职工因工致残被鉴定为七级至十级伤残的，享受以下待遇：

(1) 从工伤保险基金按伤残等级支付一次性伤残补助金，标准为：七级伤残为13个月的本人工资，八级伤残为11个月的本人工资，九级伤残为9个月的本人工资，十级伤残为7个月的本人工资。

(2) 劳动、聘用合同期满终止，或者职工本人提出解除劳动、聘用合同的，由工伤保险基金支付一次性工伤医疗补助金，由用人单位支付一次性伤残就业补助金。一次性工伤医疗补助金和一次性伤残就业补助金的具体标准由省、自治区、直辖市人民政府规定。

3. 工伤复发的待遇

工伤职工工伤复发是指职工因工伤事故或患职业病，经过医疗机构采取的必要的诊断治疗，包括病情检查、确诊、药物治疗、手术治疗等医疗措施，确定工伤痊愈，终结医疗后，终止停工留薪期，经劳动能力鉴定委员会确定伤残等级后或者正处于劳动能力鉴定过程中，工伤职工原有病情不同程度地复发。

工伤职工工伤复发，可以享受《工伤保险条例》规定的治疗工伤和治疗期间的待遇，所需费用按照国家规定标准从工伤保险基金中支付。

职工再次发生工伤，根据规定应当享受伤残津贴的，按照新认定的伤残等级享受伤残津贴待遇。

4. 因工死亡补偿

职工因工死亡，其近亲属按照下列规定从工伤保险基金领取丧葬补助金、供养亲属抚恤金和一次性工亡补助金：

（1）丧葬补助金为6个月的统筹地区上年度职工月平均工资。

（2）供养亲属抚恤金按照职工本人工资的一定比例发给由因工死亡职工生前提供主要生活来源、无劳动能力的亲属。标准为：配偶每月40%，其他亲属每人每月30%，孤寡老人或者孤儿每人每月在上述标准的基础上增加10%。核定的各供养亲属的抚恤金之和不应高于因工死亡职工生前的工资。供养亲属的具体范围由国务院社会保险行政部门规定。

（3）一次性工亡补助金标准为上一年度全国城镇居民人均可支配收入的20倍。伤残津贴、供养亲属抚恤金、生活护理费由统筹地区社会保险行政部门根据职工平均工资和生活费用变化等情况适时调整，调整办法由省、自治区、直辖市人民政府规定。

伤残职工在停工留薪期内因工伤导致死亡的，其近亲属享受从工伤保险基金领取丧葬补助金、供养亲属抚恤金和一次性工亡补助金的待遇。

一级至四级伤残职工在停工留薪期满后死亡的，其近亲属可以享受领取丧葬补助金、供养亲属抚恤金的待遇，但是不能享受一次性工亡补助金的待遇。

职工因工外出期间发生事故或者在抢险救灾中下落不明的，从事故发生当月起3个月内照发工资，从第4个月起停发工资，由工伤保险基金向其供养亲属按月支付供养亲属抚恤金。生活有困难的，可以预支一次性工亡补助金的50%。职工被人民法院宣告死亡的，按照职工因工死亡的规定处理。

职工下落不明是指职工离开最后居住地后没有音讯的状况。职工外出期间发生事故或者在抢险救灾中下落不明，其生死虽处于不确定的状态，但为了保护利害关系人的利益，《工伤保险条例》规定其近亲属可享受部分工伤职工因工死亡待遇。应当注意的是，虽然我国有公民下落不明2年后，有关利害关系人可以向人民法院申请宣告其失踪的法律规定，但职工外出期间发生事故或者在抢险救灾中下落不明后，其直系亲属享受相关待遇并不以是否经过宣告失踪为程序要件，而是从事故发生、职工音讯消失当月起即按规定发放有关待遇。

职工被宣告死亡是指职工因事故下落不明，从事故发生之日起，其配偶、父母、子女等利害关系人可以申请人民法院宣告其死亡。从职工被宣告死亡之日起，该职工的近亲属、供养亲属便可以按照《工伤保险条例》的规定领取丧葬补助金、供养亲属抚恤金和一次性工亡补助金。当被宣告死亡的职工重新出现或者确知其没有死亡，经本人或者利害关系人申请，人民法院应当撤销宣告。按照《民法通则》和有关法律的规定，公民或职工被撤销宣告死亡后，与其有关的利害关系能恢复的应恢复到原来的状态。根据这个规定，被撤销宣告死亡的职工的直系亲属、供养亲属不能够再领取《工伤保险条例》规定的待遇。

5. 特殊情况下的工伤保险待遇落实

用人单位分立、合并、转让的，承继单位应当承担原用人单位的工伤保险责任；原用人单位已经参加工伤保险的，承继单位应当到当地经办机构办理工伤保险变更登记；用人单位实行承包经营的，工伤保险责任由职工劳动关系所在单位承担。

职工在被借调期间受到工伤事故伤害的，由原用人单位承担工伤保险责任，但原用人单位与借调单位可以约定补偿办法。企业破产的，在破产清算时依法拨付应当由单位支付的工伤保险待遇费用。

职工被派遣出境工作，依据前往国家或者地区的法律应当参加当地工伤保险的，应当及时参加当地工伤保险，其国内工伤保险关系中止；不能参加当地工伤保险的，其国内工伤保险关系不中止。

第五部分 劳动合同

1. 劳动合同的适用范围

劳动合同是市场经济体制下用人单位与劳动者进行双向选择，确定劳动关系，明确双方权利和义务的协议，是保护劳动者合法权益的基本依据。

1995年1月1日起施行的《劳动法》对劳动合同作了专章规定，是我国现行劳动合同制度主要的法律依据。但是，随着我国市场经济的建立和发展，劳动用工情况多样化，出现了一些新型的劳动关系，如非全日制用工、劳务派遣工、家庭用工、个人用工等。同时，在实行劳动合同制的过程中出现一些问题，如用人单位不签订劳动合同、劳动合同短期化、滥用试用期、用人单位随意解除劳动合同、将正常的劳动用工变为劳务派遣等，侵害了劳动者的合法权益。因此，2007年6月29日第十届全国人民代表大会常务委员会第二十八次会议通过了《劳动合同法》，自2008年1月1日起实施。《全国人民代表大会常务委员会关于修改〈中华人民共和国劳动合同法〉的决定》已由中华人民共和国第十一届全国人民代表大会常务委员会第三十次会议于2012年12月28日通过，自2013年7月1日起施行。

《劳动合同法》是一部社会法，着眼于解决现实劳动关系中用人单位不签订劳动合同、拖欠工资、劳动合同短期化等诸多侵害劳动者利益的问题，定位于保护广大劳动者的合法权益。

根据《劳动合同法》的规定，劳动合同适用于中华人民共和国境内的企业、个体经济组织、民办非企业单位等组织与劳动者建立劳动关系，国家机关、事业单位、社会团体和与其建立劳动关系的劳动者。订立、履行、变更、解除或者终止劳动合同，都要依照《劳动合同法》执行。

企业是以营利为目的的经济性组织，包括法人企业和非法人企业，是用人单位的主要组成部分，是《劳动合同法》的主要调整对象。用人单位与劳动者建立劳动关系，劳动合同是最合法的书面凭证。因此，无论是用人单位还是劳动者，都要依法签订劳动合同，以有效维护自身的合法权益。

2. 签订劳动合同应当注重劳动权益维护

订立劳动合同，应当遵循合法、公平、平等自愿、协商一致、诚实守信的原则。劳动合同依法订立即具有法律效力，用人单位与劳动者应当履行劳动合同约定的义务。

劳动者和用人单位订立劳动合同时在法律地位上是平等的，没有高低、从属之分，不存在命令和服从、管理和被管理的关系。只有地位平等，双方才能自由表达真实的意愿。当然，订立劳动合同后，劳动者成为用人单位的一员，受用人单位的管理，处于被管理者的地位，用人单位和劳动者的地位一定程度上是不平等的。这里的平等是法律上的平等、形式上的平等，在我国劳动力供大于求的形势下，多数劳动者和用人单位的地位实际上做不到平等，但用人单位不得凭借优势地位在订立劳动合同时附加不平等的条件。

用人单位有对劳动者如实告知的义务，体现在用人单位招用劳动者时，应当如实告知劳动者将来的工作内容、工作条件、工作地点、职业危害、安全生产状况、劳动报酬，以及劳动者要求了解的其他情况。这些内容是法定的，并且是无条件的，无论劳动者是否提出知悉要求，用人单位都应当主动将上述情况如实向劳动者说明。这些内容都是与劳动者的工作紧密相连的基本情况，也是劳动者进行就业选择的主要因素之一。

除此以外，对于劳动者要求了解的其他情况，如用人单位相关的规章制度，包括用人单位内部的各种劳动纪律、规定、考勤制度、休假制度、请假制度、处罚制度以及企业内已经签订的集体合同等，用人单位都应当进行详细说明。

用人单位应当依法建立和完善劳动规章制度，保障劳动者享有劳动权利、履行劳动义务。

用人单位在制定、修改或者决定有关劳动报酬、工作时间、休息休假、劳动安全卫生、保险福利、职工培训、劳动纪律以及劳动定额管理等直接涉及劳动者切身利益的规章制度或者重大事项时，应当经职工代表大会或者全体职工讨论，提出方案和意见，与工会或者职工代表平等协商确定。

在规章制度和重大事项决定实施的过程中，工会或者职工认为不适当的，有权向用人单位提出，通过协商予以修改、完善。

用人单位应当将直接涉及劳动者切身利益的规章制度和重大事项决定公示，或者以其他方式告知劳动者。

根据《劳动合同法》的规定，用人单位侵害劳动者人身权益的违法行为主要包括4种：

（1）用人单位以暴力、威胁或者非法限制人身自由的手段强迫劳动。在用人单位提供的劳动条件恶劣、不及时足额支付劳动者工资等情形下，劳动者有权随时解除劳动合同，拒绝为用人单位劳动。这时一些用人单位为追求经济利益，可能会采取暴力、威胁或者非法限制人身自由的手段强迫劳动者劳动。

（2）用人单位违章指挥或者强令冒险作业危及劳动者人身安全。

（3）侮辱、体罚、殴打、非法搜查或者拘禁劳动者。

（4）劳动条件恶劣、环境污染严重，对劳动者身心健康造成严重损害的。

用人单位的上述违法行为承担的法律责任主要包括刑事责任、民事责任、行政责任。

3. 劳动合同的内容

建立劳动关系，应当订立书面劳动合同。已建立劳动关系，未同时订立书面劳动合同的，应当自用工之日起一个月内订立书面劳动合同。用人单位与劳动者在用工前订立劳动合同的，劳动关系自用工之日起建立。

用人单位自用工之日起超过一个月不满一年未与劳动者订立书面劳动合同的，应当依照《劳动合同法》的规定向劳动者每月支付两倍的工资（用人单位向劳动者每月支付两倍工资的起算时间为用工之日起满一个月的次日，截止时间为补订书面劳动合同的前一日），并与劳动者补订书面劳动合同；劳动者不与用人单位订立书面劳动合同的，用人单位应当书面通知劳动者终止劳动关系，并依照《劳动合同法》的规定支付经济补偿。

劳动合同分为固定期限劳动合同、无固定期限劳动合同和以完成一定工作任务为期限的劳动合同。

固定期限劳动合同是指用人单位与劳动者约定合同终止时间的劳动合同。

无固定期限劳动合同是指用人单位与劳动者约定无确定终止时间的劳动合同。用人单位与劳动者协商一致，可以订立无固定期限劳动合同。有下列情形之一，劳动者提出或者同意续订、订立劳动合同的，除非劳动者提出订立固定期限劳动合同，都应当订立无固定期限劳动合同：劳动者在该用人单位连续工作满10年的；用人单位初次实行劳动合同制度或者国有企业改制重新订立劳动合同时，劳动者在该用人单位连续工作满10年且距法定退休年龄不足10年的；连续订立两次固定期限劳动合同，且劳动者没有法律规定违法违规的情形，续订劳动合同的。

劳动合同由用人单位与劳动者协商一致，并经用人单位与劳动者在劳动合同文本上签字或者盖章生效，劳动合同文本由用人单位和劳动者各执一份。

劳动合同在内容上应当具备以下条款：用人单位的名称、住所和法定代表人或者主要负责人；劳动者的姓名、住址和居民身份证或者其他有效身份证件号码；劳动合同期限；工作内容和工作地点；工作时间和休息休假；劳动报酬；社会保险；劳动保护、劳动条件和职业危害防护；法律、法规规定应当纳入劳动合同的其他事项。

劳动合同除上述规定的必备条款外，用人单位与劳动者可以约定试用期、培训、保守秘密、补充保险和福利待遇等其他事项。

4. 劳动合同的变更、解除和终止

劳动合同的变更是指劳动合同依法订立后，在合同尚未履行或者尚未履行完毕之前，经用人单位和劳动者双方当事人协商同意，对劳动合同内容作部分修改、补充或者删减的法律行为。劳动合同的变更是原劳动合同的派生，是双方已存在的劳动权利和义务关系的发展。双方当事人可以依据有关法律、法规的规定，经协商一致，就劳动合同的部分条款进行修改、补充或者删减，通过对双方权利和义务关系重新进行调整和规定，使劳动合同适应变化发展了的新情况，从而保证劳动合同的继续履行。

劳动合同的变更是在原合同的基础上对原劳动合同内容作部分修改、补充或者删减，而不是签订新的劳动合同。原劳动合同未变更的部分仍然有效，变更后的内容就取代了原合同的相关内容，新达成的变更协议条款与原合同中的其他条款具有同等法律效力，对双方当事人都有约束力。

劳动合同的解除是指劳动合同在订立以后，尚未履行完毕或者未全部履行以前，由于合同双方或者单方的法律行为导致双方当事人提前解除劳动关系的法律行为。可分为协商解除、法定解除和约定解除 3 种情况。

协商解除是指在双方自愿、平等协商的基础上达成一致意见，可以不受劳动合同中约定的终止时间条件的限制。如果用人单位提出解除劳动合同，应依法向劳动者支付经济补偿金。用人单位违反法律规定解除或者终止劳动合同的，首先要保护劳动者的合法劳动权益，使劳动关系“恢复原状”，不能让用人单位从违法行为中获益。同时考虑到实际情况，应尊重劳动者是否继续劳动合同的选择。如果劳动者认为继续履行劳动合同实际困难太大，不要求继续履行劳动合同的，劳动合同可以解除或者终止，同时用人单位应当依法支付赔偿金。

劳动合同终止是指劳动合同的法律效力依法被解除，即劳动关系由于一定法律事实的出现而终结，劳动者与用人单位之间原有的权利义务不再存在。但是，劳动合同终止，原有的权利和义务不再存在，并不是说劳动合同终止之前发生的权利和义务关系解除，而是说合同终止之后，双方不再执行原劳动合同中约定的事项。如用人单位在合同终止前拖欠劳动者工资的，劳动合同终止后劳动者仍可依法请求法律救济。

有下列情形之一的，劳动合同终止：劳动合同期满的；劳动者开始依法享受基本养老保险待遇的；劳动者死亡，或者被人民法院宣告死亡或者宣告失踪的；用人单位被依法宣告破产的；用人单位被吊销营业执照、责令关闭、撤销或者用人单位决定提前解散的；法律、行政法规规定的其他情形。

5. 劳动争议调解仲裁

根据《劳动争议调解仲裁法》，用人单位与劳动者发生下列劳动争议的，可申请进行劳动争议调解仲裁：因确认劳动关系发生的争议；因订立、履行、变更、解除和终止劳动合同发生的争议；因除名、辞退和辞职、离职发生的争议；因工作时间、休息休假、社会保险、福利、培训以及劳动保护发生的争议；因劳动报酬、工伤医疗费、经济补偿或者赔偿金等发生的争议；法律、法规规定的其他劳动争议。

发生劳动争议，劳动者可以与用人单位协商，也可以请工会或者第三方共同与用人单位协商，达成和解协议。当事人不愿协商、协商不成或者达成和解协议后不履行的，可以向调解组织申请调解；不愿调解、调解不成或者达成调解协议后不履行的，可以向劳动争议仲裁委员会申请仲裁；对仲裁裁决不服的，除《劳动合同法》另有规定的情况外，可以向人民法院提起诉讼。

发生劳动争议，当事人可以到下列调解组织申请调解：企业劳动争议调解委员会，依法设立的基层人民调解组织，在乡镇、街道设立的具有劳动争议调解职能的组织。企业劳动争议调解委员会由职工代表和企业代表组成，职工代表由工会成员担任或者由全体职工推举产生，企业代表由企业负责人指定，企业劳动争议调解委员会主任由工会成员或者双方推举的人员担任。

劳动争议申请仲裁的时效期间为1年，仲裁时效期间从当事人知道或者应当知道其权利被侵害之日起计算，因当事人一方向对方当事人主张权利，或者向有关部门请求权利救济，或者对方当事人同意履行义务而中断。从中断时起，仲裁时效期间重新计算。劳动关系存续期间因拖欠劳动报酬发生争议的，劳动者申请仲裁不受规定的仲裁时效期间限制；但是，劳动关系终止的，应当自劳动关系终止之日起1年内提出。

申请人申请仲裁应当提交书面仲裁申请，并按照被申请人人数提交副本。仲裁申请书应当载明下列事项：劳动者的姓名、性别、年龄、职业、工作单位和住所；用人单位的名称、住所和法定代表人或者主要负责人的姓名、职务；仲裁请求和所根据的事实、理由；证据和证据来源、证人姓名和住所。

劳动争议仲裁委员会收到仲裁申请之日起5日内，认为符合受理条件的，应当受理，并通知申请人；认为不符合受理条件的，应当书面通知申请人不予受理，并说明理由。劳动争议仲裁委员会受理仲裁申请后，应当在5日内将仲裁申请书副本送达被申请人。被申请人收到仲裁申请书副本后，应当在10日内向劳动争议仲裁委员会提交答辩书。劳动争议仲裁委员会收到答辩书后，应当在5日内将答辩书副本送达申请人。被申请人未提交答辩书的，不影响仲裁程序的进行。

第六部分 从业人员依法享有的安全生产权益

1. 生产经营单位安全生产和工伤预防的责任

《安全生产法》规定：生产经营单位必须遵守本法和其他有关安全生产的法律、法规，加强安全生产管理，建立健全安全生产责任制和安全生产规章制度，改善安全生产条件，推进安全生产标准化建设，提高安全生产水平，确保安全生产。生产经营单位的从业人员有依法获得安全生产保障的权利，并应当依法履行安全生产方面的义务。

《职业病防治法》规定：劳动者依法享有职业卫生保护的权利，用人单位应当为劳动者创造符合国家职业卫生标准和卫生要求的工作环境和条件，并采取措施保障劳动者获得职业卫生保护。工会组织依法对职业病防治工作进行监督，维护劳动者的合法权益。用人单位应当建立健全职业病防治责任制，加强对职业病防治的管理，提高职业病防治水平，对本单位产生的职业病危害承担责任。用人单位应当依照法律、法规要求，严格遵守国家职业卫生标准，落实职业病预防措施，从源头上控制和消除职业病危害。

用人单位必须依法参加工伤保险。国务院和县级以上地方人民政府劳动保障行政部门应当加强对工伤保险的监督管理，确保劳动者依法享受工伤保险待遇。

安全规章制度是指生产经营单位为了遵守国家有关安全生产的法律、法规、国家和行业标准，贯彻国家安全生产方针政策，制定的一系列安全生产行动指南或章程。

具体地说，根据法律、法规规定，生产经营单位应当承担的安全生产管理责任包括以下几个方面。

（1）组织贯彻落实安全生产的法律、法规和规程、标准，建立和落实生产经营单位内部以法定代表人为核心的安全生产责任制。

（2）建立健全安全生产管理机构，明确分管领导，配备与工作需要相适应的专、兼职安全生产管理人员。

（3）保证安全生产的资金投入，及时排查、整改、消除事故隐患，加强对重大危险源的监控与管理。

（4）保证建设工程项目安全设施“三同时”，保证本单位具备国家规定的基本安全生产条件，依法取得安全生产许可证。

(5) 组织制定和实施安全生产中的长期规划和年度计划。

(6) 组织开展从业人员安全生产教育培训，保证培训时间，从而保证从业人员具备必要的安全生产知识，熟悉有关安全生产的规章制度和操作规程，掌握安全操作技能，保证特种作业人员持证上岗；为职工提供、监督并教育职工使用符合国家或行业标准的劳动防护用品；为职工缴纳工伤社会保险。

(7) 积极采用先进适用的安全生产技术、工艺、设备，不断提高和改善劳动条件，保证安全设施稳定运行，保证特种设备经检测检验合格、取得安全使用证或安全标志。

(8) 建立应急救援组织或指定专、兼职的应急救援人员，配备必要的应急救援器材、设备并保证正常运转；切实发挥工会在安全生产中的民主管理和民主监督作用。

安全培训

《职业病防治法》规定：对从事接触职业病危害的作业的劳动者，用人单位应当按照国务院安全生产监督管理部门、卫生行政部门的规定，组织上岗前、在岗期间和离岗时的职业健康检查，并将检查结果书面告知劳动者。

生产经营单位在建立健全安全生产规章制度和责任制度时，应当充分认识对本企业从业人员的管理规章制度建设，主要从以下几个方面着手：安全教育培训制度、个体劳动防护用品发放使用和管理制度、安全工器具的使用管理制度、特种作业及特殊作业管理制度、岗位安全规范、职业健康检查制度。

生产经营单位必须安排适当的资金用于改善安全设施，更新安全技术装备、器材、仪器、仪表以及其他安全生产投入，以保证生产经营单位达到法律、法规、标准规定的安全生产条件，并对由于安全生产所必需的资金投入不足导致的后果承担责任。

安全生产投入资金具体由谁来保证，应根据企业的性质而定。一般说来，股份制企业、合资企业等安全生产投入资金由董事会予以保证；一般国有企业由厂长或者经理予以保证；个体工商户等个体经济组织由投资人予以保证。上述安全生产投入资金保证人承担由于安全生产所必需的资金投入不足而导致事故后果的法律责任。

用人单位必须采用有效的职业病防护设施，并为劳动者提供个人使用的职业病防护用品。用人单位为劳动者个人提供的职业病防护用品必须符合防治职业病的要求；不符合要求的，不得使用。用人单位应当优先采用有利于防治职业病和保护劳动者健康的新技术、新工艺、新设备、新材料，逐步替代职业病危害严重的技术、工艺、设备、材料。

安全生产投入资金主要用于以下几个方面：

（1）建设安全和卫生技术措施工程，如防火防爆工程、通风除尘工程等；

（2）增设和更新安全设备、器材、装备、仪器、仪表等以及这些安全设备的日常维护；

（3）重大安全生产课题的研究；

（4）按照国家标准为职工配备劳动保护用品和设施；

（5）职工的安全生产教育和培训；

（6）其他有关预防事故发生的安全技术措施费用，如用于制定及落实生产事故应急救援预案等。

《安全生产法》规定，生产经营单位的主要负责人和安全生产管理人员必须具备与本单位所从事的生产经营活动相应的安全生产知识和管理能力。

危险物品的生产、经营、储存单位以及矿山、金属冶炼、建筑施工、道路运输单位的主要负责人和安全生产管理人员，应当由主管的负有安全生产监督管理职责的部门对其安全生产知识和管理能力考核合格。

生产经营单位应当对从业人员进行安全生产教育和培训，保证从业人员具备必要的安全生产知识，熟悉有关的安全生产规章制度和安全操作规程，掌握本岗位的安全操作技能，了解事故应急处理措施，知悉自身在安全生产方面的权利和义务。未经安全生产教育和培训合格的从业人员，不得上岗作业。

从业人员应当接受安全生产教育和培训，掌握本职工作所需的安全生产知识，提高安全生产技能，增强事故预防和应急处理能力。

生产经营单位应根据工作场所中的职业危害因素及其危害程度，按照法律、法规、标准的规定，为从业人员免费提供符合国家规定的劳动防护用品。不得以货币或其他物品替代应当配备的劳动防护用品。

生产经营单位应到定点经营单位或生产企业购买特种劳动防护用品，特种劳动防护用品必须具有“三证”和“一标志”，即生产许可证、产品合格证、安全鉴定证和安全标志。

生产经营单位应教育和培训从业人员，按照劳动防护用品的使用规则和防护要求正确使用，使职工做到“三会”：会检查劳动防护用品的可靠性，会正确使用劳动防护用品，会正确维护保养劳动防护用品。用人单位应定期对此进行监督检查。

生产经营单位应按照产品说明书的要求，及时更换、报废过期和失效的劳动防护用品。

生产经营单位应建立健全劳动防护用品的购买、验收、保管、发放、使用、更换、报废等管理制度和使用档案，并进行必要的监督检查。

生产经营单位应当依法进行安全生产事故隐患排查治理，可使用的安全生产管理方法如下：

（1）生产经营单位应当建立健全事故隐患排查治理和建档监控等制度，逐级建立并落实从主要负责人到每个从业人员的隐患排查治理和监控责任制。

（2）生产经营单位应当保证事故隐患排查治理所需的资金，建立资金使用的专项制度。

（3）生产经营单位应当定期组织安全生产管理人员、工程技术人员和其他相关人员排查本单位的事故隐患。对排查出的事故隐患，应当按照事故隐患的等级进行登记，建立事故隐患信息档案，并按照职责分工实施监控治理。

（4）生产经营单位应当建立事故隐患报告和举报奖励制度，鼓励、发动职工发现和排除事故隐患，鼓励社会公众举报。对发现、排除和举报事故隐患的有功人员，应当给予物质奖励和表彰。

存在职业危害的生产经营单位应当建立健全下列职业危害防治制度和操作规程：职业危害防治责任制度，职业危害告知制度，职业危害申报制度，职业健康宣传教育培训制度，职业危害防护设施维护检修制度，从业人员劳动防护用品管理制度，职业危害日常监测管理制度，从业人员职业健康监护档案管理制度，岗位职业健康操作规程，法律、法规、规章规定的其他职业危害防治制度。

任何单位和个人均有权向安全生产监督管理部门举报生产经营单位违反《职业病防治法》的行为和职业危害事故。

2. 从业人员依法享有的安全生产权利与义务

我国的《宪法》和相关法律、法规，如《安全生产法》《矿山安全法》《交通安全法》《危险化学品安全管理条例》《工伤保险条例》等，最重要的一部分内容就是明确了关于从业者的安全生产权利。相应地明确了生产经营单位有保护从业人员合法权利的安全生产责任。

《安全生产法》规定了各类从业人员依法享有的、有关安全生产和人身安全的最重要和最基本的权利，这些基本安全生产权利可以概括为5项：获得安全保障、工伤保险和民事赔偿的权利；得知危险因素、防范措施和事故应急措施的权利；对本单位安全生产的批评、检举和控告的权利；拒绝违章指挥和强令冒险作业的权利；紧急情况下停止作业和紧急撤离的权利。

根据《职业病防治法》的规定，从业人员依法享有的职业卫生权利有：获得职业安全健康教育、培训的权利；获得职业健康检查，职业病诊治、康复等职业危害防治服务的权利；了解作业场所产生或者可能产生的职业危害因素、危害后果和应当采取的职业危害防治措施的权利；要求用人单位提供符合要求的职业危害防护设施和个人使用的职业危害防护用品，改善工作条件的权利；对违反职业危害防治法律、法规、规章和国家标准及行业标准，危及生命健康的行为提出批评、检举和控告的权利；拒绝违章指挥和强令进行没有职业危害防护措施的作业的权利；参与用人单位职业安全健康工作的民主管理，对职业危害防治工作提出意见和建议的权利。

根据《安全生产法》和《劳动合同法》，从业人员有权对本单位安全生产工作中存在的问题提出批评、检举、控告。有权拒绝违章指挥和强令冒险作业，在从业人员行使法定的安全生产权利时，生产经营单位不得对从业人员采取报复行动甚至解除劳动合同的违法行为：

(1) 生产经营单位不得因从业人员对本单位安全生产工作提出批评、检举、控告或者拒绝违章指挥、强令冒险作业而降低其工资、福利等待遇或者解除与其订立的劳动合同。

(2) 从业人员发现直接危及人身安全的紧急情况时，有权停止作业或者在采取可能的应急措施后撤离作业场所。

(3) 生产经营单位不得因从业人员在法律规定的紧急情况下停止作业或者采取紧急撤离措施而降低其工资、福利等待遇或者解除与其订立的劳动合同。

从业人员有下列情形之一的，用人单位不得解除劳动合同：从事接触职业病危害作业的劳动者未进行离岗前职业健康检查，或者疑似职业病病人在诊断或者医学观察期间的；在本单位患职业病或者因工负伤并被确认丧失或者部分丧失劳动能力的；患病或者非因工负伤，在规定的医疗期内的；女职工在孕期、产期、哺乳期的；在本单位连续工作满15年，且距法定退休年龄不足5年的；法律、行政法规规定的其他情形。

工会作为代表职工和群众权益的团体组织，有权对建设项目的安全设施与主体工程同时设计、同时施工、同时投入生产和使用（“三同时”）进行监督，提出意见。

工会对生产经营单位违反安全生产法律、法规，侵犯从业人员合法权益的行为，有权要求纠正；发现生产经营单位违章指挥、强令冒险作业或者发现事故隐患时，有权提出解决的建议，生产经营单位应当及时研究答复；发现危及从业人员生命安全的情况时，有权向生产经营单位建议组织从业人员撤离危险场所，生产经营单位必须立即作出处理。

工会有权依法参加事故调查，有权向有关部门提出处理意见，并要求追究有关人员的责任。

法律、法规规定了从业人员的安全生产权利和劳动权益，但是，同时也要求从业人员在享受安全生产权利的同时，必须承担一定的安全生产义务，以利于国家和生产经营单位的依法管理，为安全生产承担应有的责任。

《安全生产法》规定，从业人员在作业过程中，应当严格遵守本单位的安全生产规章制度和操作规程，服从管理，正确佩戴和使用劳动防护用品；从业人员应当接受安全生产教育和培训，掌握本职工作所需的安全生产知识，提高安全生产技能，增强事故预防和应急处理能力；从业人员发现事故隐患或者其他不安全因素时，应当立即向现场安全生产管理人员或者本单位负责人报告，接到报告的人员应当及时予以处理。

具体地说，生产经营单位的从业人员应当履行以下几个方面的安全生产义务：遵守劳动纪律，自觉执行企业安全规章制度和安全操作规程，听从指挥，杜绝违章行为；认真执行交接班制度，保证本岗位工作地点和设备工具的安全、整洁，不随便拆除安全防护装置，不使用自己不该使用的机械和设备；自觉并正确地佩戴劳动防护用品，妥善保管和正确使用各种防护器具和灭火器材；积极参加安全生产教育和安全生产技能培训，提高安全操作技术水平；不得擅自私拉、乱接电线，不得擅自动用明火；及时报告、处理事故隐患，积极参加事故抢救工作；批评、检举、拒绝违章指挥、违章操作、违反劳动纪律的行为。

处于生产一线的班组长更应当承担起本班组安全生产管理的义务。班组长在安全生产管理中负有如下义务。

(1) 班组长是班组生产的直接指挥者，是班组安全生产的第一责任人，对班组的安全生产全面负责。

(2) 班组长负责本班组人员的安全教育培训。学习有关的法律、法规、政策和安全生产操作规程，指导员工正确使用安全防护设施和劳动防护用品，提高班组人员的安全意识和自我防护意识。

(3) 认真执行交接班制度，进行班前班后的安全检查工作，做好班组的自检工作，不违章作业和冒险指挥，有权制止班组人员的违章作业，自觉接受安全生产管理人员的监督检查。对上级的违章指挥应提出建议，有权拒绝。

（4）开好班组会，总结前一段的工作，布置下一步的任务，提出安全生产应注意的事项和要求。

（5）要经常对使用的设备、防护用品和作业环境进行检查，发现问题及时解决或向上级部门报告。

（6）遇到不安全的异常情况时，应及时检查或者暂时停产进行检查，并向上级部门或安全生产负责人报告。待情况查明后，确定无异常时方能进行作业。

（7）发生安全生产事故时，要保护好现场，立即上报车间，并参与事故调查分析。

劳动者有下列情形之一的，用人单位可以解除劳动合同：在试用期间被证明不符合录用条件的；严重违反用人单位的规章制度的；严重失职，营私舞弊，给用人单位造成重大损害的；劳动者同时与其他用人单位建立劳动关系，对完成本单位的工作任务造成严重影响，或者经用人单位提出，拒不改正的；以欺诈、胁迫等非法途径获得劳动合同的签订，致使劳动合同无效的；被依法追究刑事责任的。

有下列情形之一的，用人单位提前30日以书面形式通知劳动者本人或者额外支付劳动者1个月工资后，可以解除劳动合同：劳动者患病或者非因工负伤，在规定的医疗期满后不能从事原工作，也不能从事由用人单位另行安排的工作的；劳动者不能胜任工作，经过培训或者调整工作岗位，仍不能胜任工作的；劳动合同订立时所依据的客观情况发生重大变化，致使劳动合同无法履行，经用人单位与劳动者协商，未能就变更劳动合同内容达成协议的。

3. 对女职工和未成年人的特殊保护

凡适合妇女从事劳动的用人单位，不得拒绝招收女职工，不得在女职工怀孕期、产期、哺乳期降低其基本工资，或者解除劳动合同。

禁止安排女职工从事矿山井下、国家规定的第四级体力劳动强度的劳动和其他女职工禁忌从事的劳动。

女职工在月经期间，所在单位不得安排其从事高空、低温、冷水和国家规定的第三级体力劳动强度的劳动。

女职工在怀孕期间，所在单位不得安排其从事国家规定的第三级体力劳动强度的劳动和孕期禁忌从事的劳动，不得在正常劳动日以外延长劳动时间；对不能胜任原劳动的，应当根据医务部门的证明，予以减轻劳动量或者安排其他劳动。怀孕7个月以上（含7个月）的女职工，一般不得安排其从事夜班劳动；在劳动时间内应当安排一定的休息时间。怀孕的女职工，在劳动时间内进行产前检查，应当算作劳动时间。

女职工依法享受产假（包括流产），有不满一周岁婴儿的女职工，其所在单位应当在每班劳动时间内给予其两次哺乳（含人工喂养）时间。女职工每班劳动时间内的两次哺乳时间，可以合并使用。哺乳时间和在本单位内哺乳往返途中的时间，算作劳动时间。

女职工在哺乳期内，所在单位不得安排其从事国家规定的第三级体力劳动强度和从事哺乳期禁忌的劳动，不得延长其劳动时间，一般不得安排其从事夜班劳动。

女职工比较多的单位应当按照国家有关规定，以自办或者联办的形式，逐步建立女职工卫生室、孕妇休息室、哺乳室、托儿所、幼儿园等设施，并妥善解决女职工在生理卫生、哺乳、照料婴儿等方面的困难。

用人单位不得安排未成年工从事矿山井下、有毒有害、国家规定的第四级体力劳动强度的劳动和其他禁忌从事的劳动。

用人单位应按下列要求对未成年工定期进行健康检查：安排工作岗位之前；工作满 1 年之后；年满 18 周岁；距最后一次的体检时间已超过半年。

用人单位应根据未成年工的健康检查结果安排其从事适当的劳动，对不能胜任原劳动岗位的，应根据医务部门的证明，予以减轻劳动量或安排其他劳动。

对未成年工的使用和特殊保护实行登记制度，用人单位招收使用未成年工，除符合一般用工要求外，还须向所在地的县级以上劳动行政部门办理登记。劳动行政部门根据未成年工健康检查表和未成年工登记表核发未成年工登记证，未成年工须持未成年工登记证上岗。

未成年工上岗前用人单位应对其进行有关的职业安全卫生教育、培训，未成年工的体检和登记由用人单位统一办理和承担费用。

禁止任何单位和个人使用童工（未满16周岁），雇用童工从事危重劳动罪是指违反劳动管理法规，雇用未满16周岁的未成年人从事超强度体力劳动的，或从事高空、井下作业的，或让他们在爆炸性、易燃性、放射性、毒害性等危险环境下从事劳动，情节严重的，对直接责任人追究刑法规定的刑事责任，造成事故或构成其他犯罪的，依法数罪并罚。